美国小学主流科学教材

【美】杰伊·哈克特 等 著
张 俊 邓小耶 等 译
郝京华 审定



# 我们的地球 2
# Our Earth

浙江教育出版社·杭州

## 本版特色

- 兼顾授受式学习内容和探究式调查活动。
- 采用5E（Engage参与，Explore探究，Explain解释，Extend/Elaborate拓展，Evaluate评估）研究型教学模式。
- 增加工程和设计版块。
- 培养21世纪技能，如创新创造能力、协作能力、沟通能力、批判性思维与解决问题的能力等。
- 用个性化的生动图像激发学生的学习兴趣。
- 根据知识深度等级体系（Depth of Knowledge，简称DOK）设计评价和测试。

注：原版书中，A单元、B单元表示该内容属于生命科学领域，C单元、D单元表示该内容属于地球与空间科学领域，E单元、F单元表示该内容属于物质科学领域。中文版对此予以保留。

## Program Authors

**Dr. Jay K. Hackett**
Professor Emeritus of Earth Sciences
University of Northern Colorado
Greeley, CO

**Dr. Richard H. Moyer**
Professor of Science Education and Natural Sciences
University of Michigan-Dearborn
Dearborn, MI

**Dr. JoAnne Vasquez**
Elementary Science Education Consultant
NSTA Past President
Member, National Science Board and NASA Education Board

**Mulugheta Teferi, M.A.**
Principal, Gateway Middle School
Center of Math, Science, and Technology
St. Louis Public Schools
St. Louis, MO

**Dinah Zike, M.Ed.**
Dinah Might Adventures LP
San Antonio, TX

**Kathryn LeRoy, M.S.**
Chief Officer
Curriculum Services
Duval County Schools, FL

**Dr. Dorothy J. T. Terman**
Science Curriculum Development Consultant
Former K-12 Science and Mathematics Coordinator
Irvine Unified School District, CA
Irvine, CA

**Dr. Gerald F. Wheeler**
Executive Director
National Science Teachers Association

**Bank Street College of Education**
New York, NY

## Contributing Authors

**Dr. Sally Ride**
Sally Ride Science
San Diego, CA

**Lucille Villegas Barrera, M.Ed.**
Elementary Science Supervisor
Houston Independent School District
Houston, TX

**American Museum of Natural History**
New York, NY

## Contributing Writer

**Ellen C. Grace, M.S.**
Consultant
Albuquerque, NM



**connectED.mcgraw-hill.com**



STEM McGraw-Hill is committed to providing instructional materials in Science, Technology, Engineering, and Mathematics (STEM) that give all students a solid foundation, one that prepares them for college and careers in the 21st century.



Send all inquiries to:
McGraw-Hill Education
8787 Orion Place
Columbus, OH 43240

ISBN: 978-0-02-136116-8
MHID: 0-02-136116-9

Printed in the United States of America.

7 8 9 10 11 12 13 14 QVS 22 21 20 19 18 17

## Content Consultants

**Paul R. Haberstroh, Ph.D.**
Mohave Community College
Lake Havasu City, AZ

**Timothy Long**
School of Earth and Atmospheric Sciences
Georgia Institute of Technology
Atlanta, GA

**Rick MacPherson, Ph.D.**
Program Director
The Coral Reef Alliance
San Francisco, CA

**Hector Córdova Mireles, Ph.D.**
Physics Department
California State Polytechnic University
Pomona, CA

**Charlotte A. Otto, Ph.D.**
Department of Natural Sciences
University of Michigan-Dearborn
Dearborn, MI

**Paul Zitzewitz, Ph.D.**
Department of Natural Sciences
University of Michigan-Dearborn
Dearborn, MI

## Editorial Advisory

**Deborah T. Boros, M.A.**
President, Society of Elementary Presidential Awardees
Second-Grade Teacher
Mississippi Elementary
Coon Rapids, MN

**Lorraine Conrad**
K-12 Coordinator of Science
Richland County School District #2
Columbia, SC

**Kitty Farnell**
Science/Health/PE Coordinator
School District 5 of Lexington and Richland Counties
Ballentine, SC

**Kathy Grimes, Ph.D.**
Science Specialist
Las Vegas, NV

**Richard Hogen**
Fourth-Grade Teacher
Rudy Bologna Elementary School
Chandler, AZ

**Kathy Horstmeyer**
Educational Consultant
Past President, Society of Presidential Awardees
Past Preschool/Elementary NSTA Director
Carefree, AZ and Chester, CT

**Jean Kugler**
Gaywood Elementary School
Prince Georges County Public Schools
Lanham, MD

**Bill Metz, Ph.D.**
Science Education Consultant
Fort Washington, PA

**Karen Stratton**
Science Coordinator K-12
Lexington District One
Lexington, SC

**Emma Walton, Ph.D.**
Science Education Consultant
NSTA Past President
Anchorage, AK

**Debbie Wickerham**
Teacher
Findlay City Schools
Findlay, OH

AMERICAN MUSEUM & NATURAL HISTORY

**The American Museum of Natural History in New York City is one of the world's preeminent scientific, educational, and cultural institutions, with a global mission to explore and interpret human cultures and the natural world through scientific research, education, and exhibitions. Each year the Museum welcomes around 4 million visitors, including 500,000 schoolchildren in organized field trips. It provides professional development activities for thousands of teachers; hundreds of public programs that serve audiences ranging from preschoolers to seniors; and an array of learning and teaching resources for use in homes, schools, and community-based settings. Visit www.amnh.org for online resources.**

# 译 序

一部好教材欲保持其生命力的重要举措就是要不断地与时俱进，要随着社会的变迁、学术的进步不断地吐故纳新。浙江教育出版社引进出版的《科学启蒙(第二版)》就是这样的一部好教材。

比较这套教材的两个版本，不难发现，第一版显然依据的是1996年美国颁布的科学教育标准。1996年的科学教育标准有三个重要特点：(1)明确科学教育的目标是培养所有学生的科学素养（美国曾经有过把培养科学家作为科学教育培养目标的历史）；(2)强调要把科学本身的实际做法，即科学探究也作为科学教育的内容；(3)将科学课程的内容按“生命科学、物质科学、地球与空间科学”三个领域加以划分。第一版的《科学启蒙》较好地落实了课程标准的这些理念。

第二版依据的是美国2013年颁布的《新一代科学教育标准（NGSS）》。和1996年课程标准相比，2013年的标准有三个显著变化。(1)将科学探究扩充为“科学与工程实践”，明显强化了运用科学概念解决实际问题能力的培养。(2)强调科学大概念。标准提出了判断大概念的4个原则：①具有学科的意义，具有跨越多个学科领域的广泛的重要性，或者是本学科中组织相关知识的关键概念；②具有解释力，能解释许多现象；③具有生成性，能为理解和探究更多的概念和解决问题提供关键的工具，与社会、家庭相关；④能从幼儿园到高中螺旋上升。(3)强调了学科间的融合，不仅是科学、技术、工程、数学的融合，还有科学、语文、数学的融合。

第二版的《科学启蒙》教材真的是在与时俱进。首先，它在继续强调科学探究的同时，大大强化了工程设计部分，不仅在各领域各章节中增加了运用相关知识解决实际问题的机会，还在“做一名科学家”版块增添了有关工程设计的“聚焦技能”。第二，在强调科学大概念方面，教材不仅在各章节都有科学大概念的明确标示，还在各章结尾之处增加了科学概念和技能的测评。第三，在学科融合方面，教材不仅强化了科学阅读（包括文和图）和科学写作的指导，还强化了数学意识和能力的培养。

《科学启蒙》这套教材还有一个突出的亮点就是它精彩的图片。大量有视觉冲击力的照片和灵动的排版为教材增色不少，让人爱不释手。

它山之石，可以攻玉。中国正在进行着课程改革，也正在努力地缩短与发达国家在教育上的差距，引进国外好的教材不失为一种有效的捷径。不同的群体都可以从《科学启蒙》这套教材中获益。它为教材编写者提供了一个如何将内容与活动结合的范例，它给予科学教师教学活动设计的启迪，它为语文老师提供了如何指导学生科学阅读和科学写作的策略，就连出版社也可以从中获得科学教材排版方面的启示。除此，作为一套学生的科学阅读的材料，它也是一个不错的选择。

只有站在巨人的肩膀上我们才可以实现弯道超车，才可以追赶上发达国家，才可以实现伟大的中国梦！国家如此，科学教育亦然，让我们共同努力！

小学科学课程标准研制组组长、修订组副组长 郝京华
南京师范大学教科院教授

# 目 录

Contents

## 做一名科学家

# C单元 我们的地球

## 探究活动

### 做一名科学家



### 第1章 陆地和水



### 第2章 地球上的资源



青云端

扫一扫，码上获取
更多学习资源

# 做一名科学家

树蛙会把卵产在树叶上。

AMERICAN MUSEUM OF NATURAL HISTORY

# 科学技能

## 看一看，想一想

看到图中这只小青蛙了吗？你认为它是怎样趴在莲叶上的呢？

## 探究活动

# 怎样才能让一只青蛙趴在莲叶上？

### 活动步骤

1. **预测** 你觉得把青蛙放在莲叶的哪个位置，它才不会掉进水里？
2. **建立模型** 用蜡笔把纸盘涂成绿色，当作莲叶。
3. △**小心！** 在纸盘的中心戳一个小洞，用15厘米长的细绳穿过洞口，顶端打个结，下方拉紧。
4. 将系着细绳的纸盘放在装好水的水盆中，纸盘上面放一只玩具青蛙。
5. **记录数据** 将你放置玩具青蛙的各个位置画出来。

**材料**


纸盘

绿色的蜡笔

剪刀

细绳

水盆和水

玩具青蛙

步骤 4

# 科学家做什么？

科学家在做研究工作时，要使用许多技能。在上页的探究活动中，你想知道青蛙能趴在莲叶上的原因，于是做了上述探究。同样，科学家探究问题时也会建立模型（make a model）。模型是对生活中真实事物的一种模拟。

科学家还会使用其他技能，这些技能你也可以学习使用。比如，科学家会观察（observe）事物。通过观察一个池塘，他们可以发现许多奇妙的事物。

科学家会观察池塘附近植物的高度、颜色和形状。

香蒲

水草

水生鸢尾

科学家通过比较（compare）来辨别两个事物的相似点或不同点。观察本页中这两种生活在池塘边的动物，科学家是怎样比较它们的呢？

仔细观察这两种动物你会发现，它们都有翅膀，都生活在池塘附近。当然，它们也有很多不同的地方。科学家会根据事物的属性对事物进行分类（classify），将它们归为不同的群体。昆虫和鸟类就是不同的动物群体。

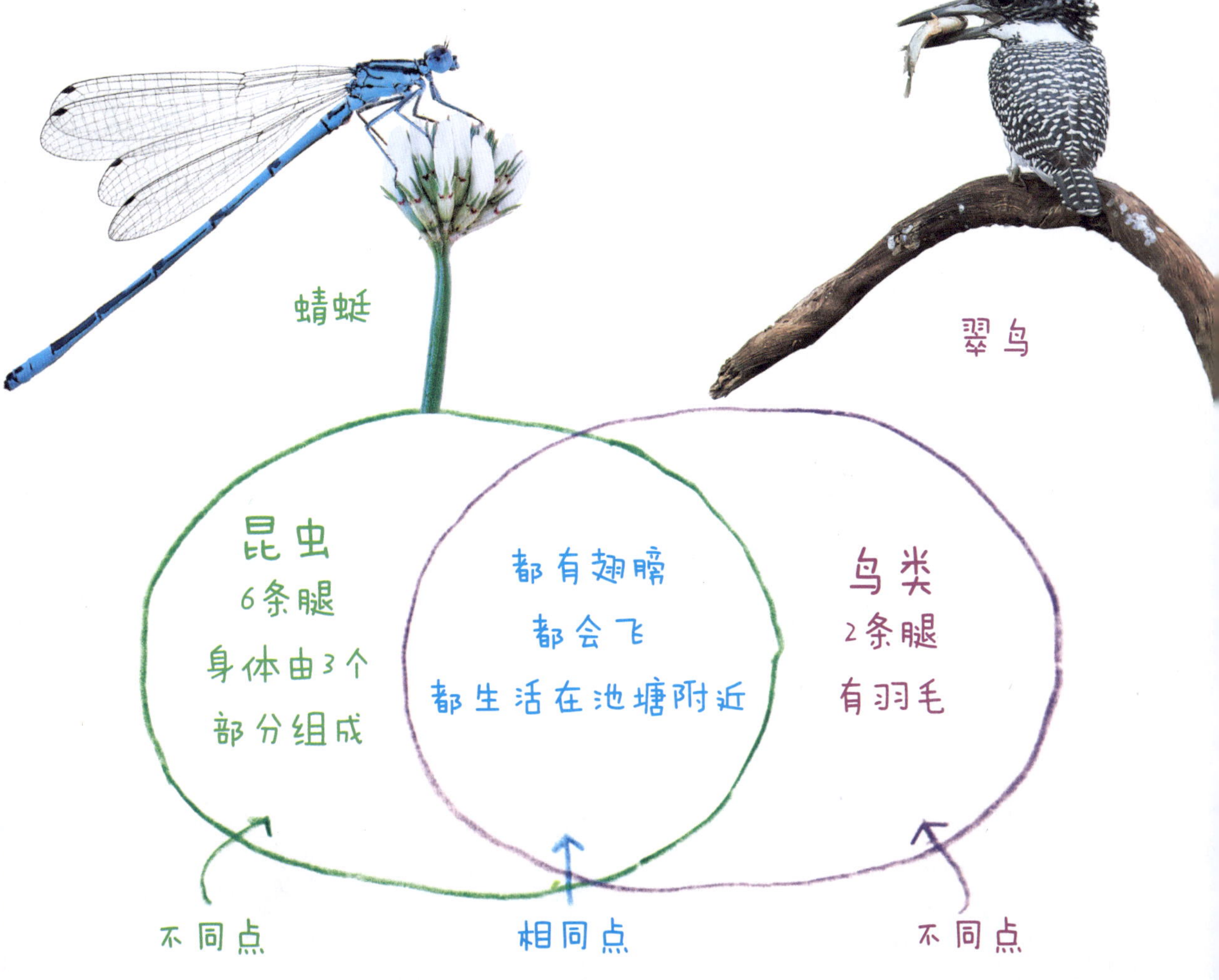

# 科学家会怎么做？

一起来看一看科学家在池塘附近发现的这些蛋吧！科学家会测量（measure）这些蛋的大小或质量。通过测量，他们就能了解物体的长度、质量和温度。

科学家通过测量获得的这些事实称为数据。科学家还要将他们观察到的事实记录下来，这叫作记录数据（record data）。

**有多长**

| | |
|---|---|
| 海龟的蛋 | 3厘米 |
| 青蛙的卵 | 3毫米 |
| 鸭子的蛋 | 5厘米 |
| 知更鸟的蛋 | 2厘米 |

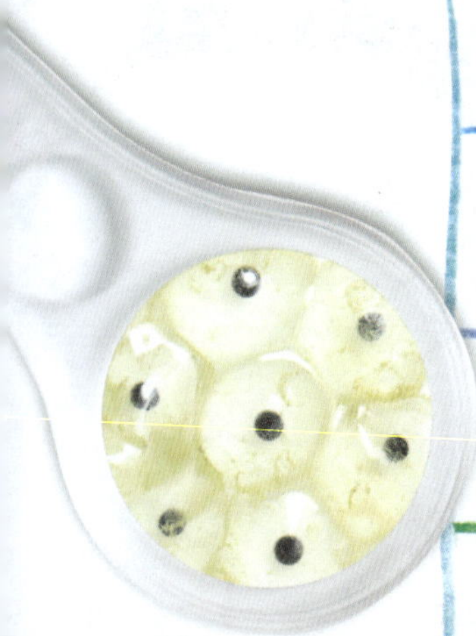

科学家在收集完数据之后，还会对这些数据进行排序。排序（put things in order）就是用某种标准将数据进行整理。例如，你可以按照大小将蛋进行排序。哪个蛋是最小的？哪个蛋又是最大的？

科学家使用的另一项技能是推理。推理（infer），就是运用一些已掌握的知识或线索，按照合理的逻辑来解释或判断问题，并得出推论。你能推断出上页的蛋分别属于本页的哪种动物吗？

青蛙

鸭子

龟

知更鸟

# 科学家如何研究新事物?

科学家通过调查来研究新事物。开展调查（investigate）前，需要制订一个计划，然后进行试验。

科学家的工作通常从提出问题开始，然后他们会预测这个问题可能会有哪些答案。预测（predict）就是根据已知的知识或信息，猜测接下来会发生什么，具有较大的不确定性。

观察本页蝌蚪和幼蛙的图片，请你预测一下，幼蛙接下来会变成什么样子?

蝌蚪

幼蛙

?

?

得出结论（draw conclusions）就是根据你所观察到的现象来解释发生了什么情况。科学家根据上述探究，得出这样的结论：蝌蚪一开始生活在水中，长出四条腿后可以爬上陆地生活。

科学家还会与其他人交流他们的想法。交流（communicate）就是将你的想法写下来、画出来或者说出来，并与他人分享。

## 想一想，说一说，写一写

1. 科学家可以利用哪些技能来进行分类？
2. 如果你是一位科学家，你想要学些什么样的新技能？

# 科学方法

## 看一看，想一想

看到这只青蛙会游泳，你可能会想，它还会做哪些运动呢？科学家也会提出类似的问题。然后，他们再按照一定的步骤来找出问题的答案。

## 探究活动

# 青蛙是怎样运动的?

### 活动步骤

1. **观察** 仔细观察本页中的图片，思考一下青蛙是怎样运动的。
2. **记录数据** 在表格中列出你观察到的青蛙的不同运动方式。
3. **得出结论** 青蛙在做各种运动时，用到了身体的哪些部位？记录在你的表格中。
4. **交流** 青蛙是怎样运动的?

# 青蛙能跳多远?

科学家按照一定的步骤来进行调查，这些步骤叫作科学方法（scientific method）。下面是一名同学根据科学家使用的科学方法所做的探究活动。

## 观察

罗拉运用她所学的科学技能来观察教室里的青蛙。

## 提出问题

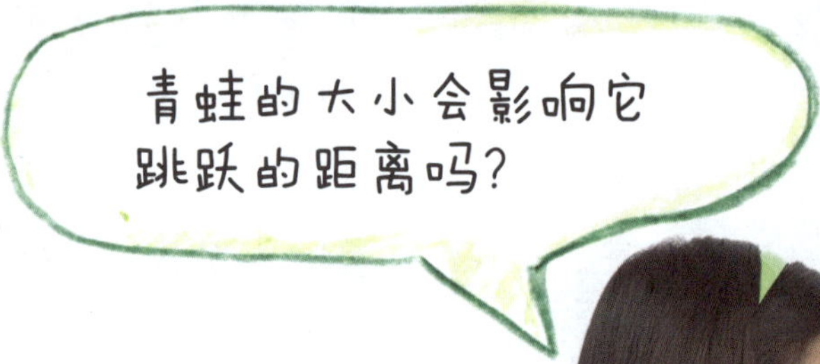


罗拉提出了一个问题。

## 做出预测

罗拉预测的答案是“会”。她认为安迪会跳得更远，因为它的腿更长。

安迪　　莫莉

## 制订计划

罗拉制订了一个计划来验证她的想法。她将计划写了下来，这样，其他人也可以按照她的计划来做实验。

### 我的青蛙跳跃计划

1. 在地上画一条起跳线。
2. 将一只青蛙放在起跳线后面，拍拍手让它跳起来。然后，测量青蛙跳了多远。
3. 选择其他青蛙，重复步骤 2。

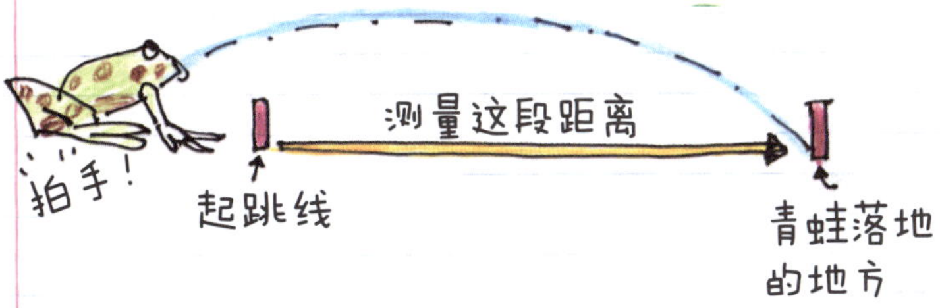


## 执行计划

罗拉按照她的计划完成了实验。如果这个计划行不通，那么她还需要修改计划。

# 你发现了什么？

## 记录结果

罗拉制作了一张图表，这张图表可以用来记录每只青蛙跳跃的距离。

每只青蛙可以跳多远

| 青蛙 | 第一跳 | 第二跳 | 第三跳 |
| --- | --- | --- | --- |
|  安迪 | 20厘米 | | |
|  莫莉 | 25厘米 | | |

## 重复实验

罗拉让每只青蛙都跳了三次，这样她可以确保实验测试的结果会更准确。

## 得出结论

罗拉对实验结果进行解释。

罗拉向同学们解释她的实验结果。这又带来了新的问题和进一步的研究。

你在探究的时候，可以遵循一定的科学方法。

## 科学方法

观察
↓
提出问题
↓
做出预测
↓
制订计划
↓
执行计划
↓
记录结果
↓
重复实验
↓
得出结论

## 想一想，说一说，写一写

1. 为什么对科学家来说，制订计划很重要？
2. 为什么科学家要将他们的计划写下来？

## 聚焦技能

# 科学和技术：设计过程

你曾提出过问题吗？如果有，你是怎么解决的？科学家利用设计过程（design process）来解决问题。

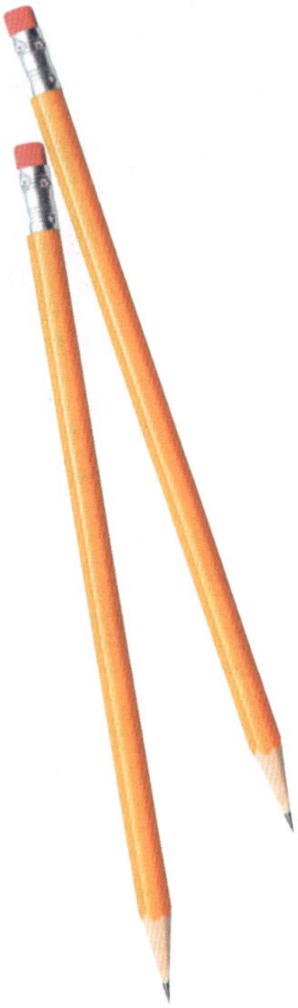

### ▶ 学习

在设计过程中，你首先要确定一个问题，接着要想出一个解决方案。解决方案是一种能解决你所提问题的方案，或寻找问题答案的方法、途径。你可以从你的朋友、老师那儿或者从书中获得一些启发，然后再设计你的解决方案。设计就是将你的想法画出来、写下来或者进行完善。

在学校学习时，你遇到过找不到学习用品这样的情况吗？你可以设计一种快速找到铅笔、蜡笔和其他学习用品的方案。

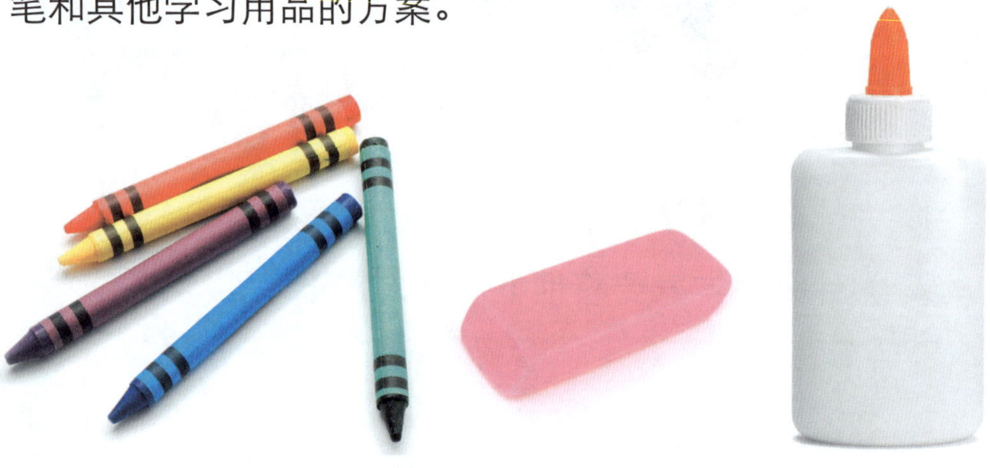

## ▶ 尝试

迈克尔设计了一个可以收纳各种学习用品的盒子。这个盒子里可以放铅笔、蜡笔、胶水和橡皮。

请你也设计一种能收纳学习用品的方案。把你的设计方案画成一张草图，并与老师交流。收集你所需要的实验材料，将你的设计方案制作出来并试试可不可行。

1. 你的设计方案和迈克尔的相比，有什么优缺点？

2. 你的设计方案能否解决你之前提出的问题？

3. 你会怎样改进你的设计方案？将改进办法写下来。

# 安全提示

## 当你看见“△小心”标志的时候，必须遵守下列安全规则。

遇到意外情况，比如实验材料意外打翻时，要立刻报告老师。

使用锋利的工具和玻璃时要小心。

必要时，按照要求戴上护目镜。

每次活动结束后要记得洗手。

保持活动场所整洁。活动结束后，要将活动场所收拾干净。

# 我们的地球

美国布莱斯峡谷国家公园里的石林。

## 实践：开展调查

为寻找问题的解决方案，工程师会开展调查（carry out investigations）：他们会整理收集数据，并对数据进行比较，看看这些数据能否帮助解决这个问题。

### ▶ 学习

地球表面的形态总是在不停地发生变化。风吹过地面，会带走细小的岩石、沙子和土壤。所以风力可以塑造地表的形态。

苏珊在海滩玩耍时，风把沙子吹到了她的脸上、眼睛里，甚至还吹到了她带的食物里。为了保护眼睛，她戴上了墨镜。她环顾四周，想找个物品给食物挡沙。她试了各种物品，终于找到了一个可以解决这个问题的物品。

## ▶ 尝试

1. 用吸管向一堆沙子吹气，会出现什么现象?
2. **预测** 尝试用不同的方法来阻止沙子飞溅。哪种方法最好? 请你试一试。
3. **记录数据** 你观察到了什么现象? 把你观察到的内容写在科学笔记本上。
4. **得出结论** 哪一个物体阻挡沙子飞溅的效果最好?

### 材料

盘子

金属丝网筛

沙子

长方体块状物

吸管

护目镜

## ▶ 应用

除了设计和制作物品外，工程师还会解决各种实际问题，比如想办法阻挡海滩上的风沙吹到人们生活和工作的地方。在右上图这些物品中，哪个物品可以有效解决这个问题? 你是怎么知道的? 制订一个探究计划。

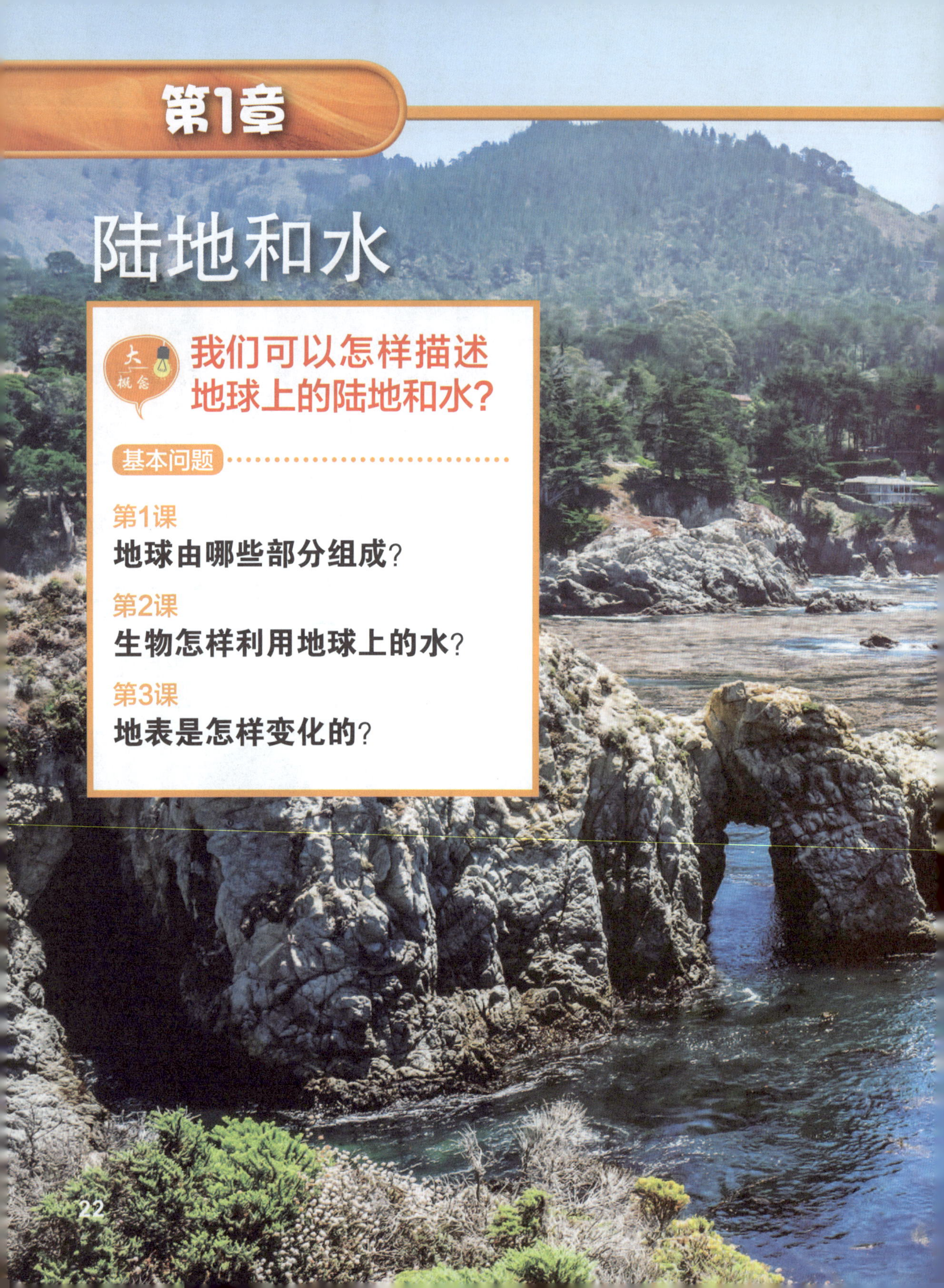

# 第1章

# 陆地和水

大概念

## 我们可以怎样描述地球上的陆地和水?

**基本问题**

第1课

**地球由哪些部分组成?**

第2课

**生物怎样利用地球上的水?**

第3课

**地表是怎样变化的?**

## 核心词汇

**地形**　地表的不同形态。

**地震**　地壳的震动。

**火山**　岩浆喷出地表后形成的地形。

**洪水**　因无法及时渗入地下而汇集在地表的大量水流。

## 第1课

# 地球上的陆地

西班牙的比利牛斯山脉

### 看一看，想一想

你居住的地方是什么样子的？它与本页图中的地区有什么不同？

# 探究活动

## 地球表面有哪些特征?

### 活动步骤

1. **观察** 本页的这些图片有什么相同之处？又有什么不同之处？和你的同伴讨论一下。

2. **分类** 将这些图片分为两组。说一说你是如何分类的。
3. **分类** 将这些图片分成三组。说一说这次你又是如何分类的。

### 进一步探究

4. **预测** 根据每张图片所显示的地貌特征，预测一年内这块陆地会发生怎样的变化。

**读一读，学一学**

**基本问题**
地球由哪些部分组成？

**词汇**
- 地形
- 地壳
- 地幔
- 地核

# 地球表面是什么样的？

在你居住的地方，地表是什么样的？地表可能很平坦，也可能很陡峭。地势有高有低，地表有各种不同的形态。所有的这些形态统称为**地形（landform）**。

山是地面凸起的一种高地。山可能有尖峰和峭壁。

山谷是两山之间的低地。

地球上，不同地区地表形态各异。有些地区高山林立，有些地区则平坦辽阔。

平原是一个平坦开阔的地区。平原可以绵延数千里。

丘陵由低矮的山丘组成。丘陵的地势起伏没有山地那么大。

## 山与山谷有什么不同?

# 借助地图，我们能知道些什么？

你见过地图吗？地球仪是地球的模型，它也是一种球形地图，能显示地球上陆地和水的位置。

地球仪上，大片的陆地叫大陆，大陆被海洋包围着。四面环水的小块陆地是岛屿。

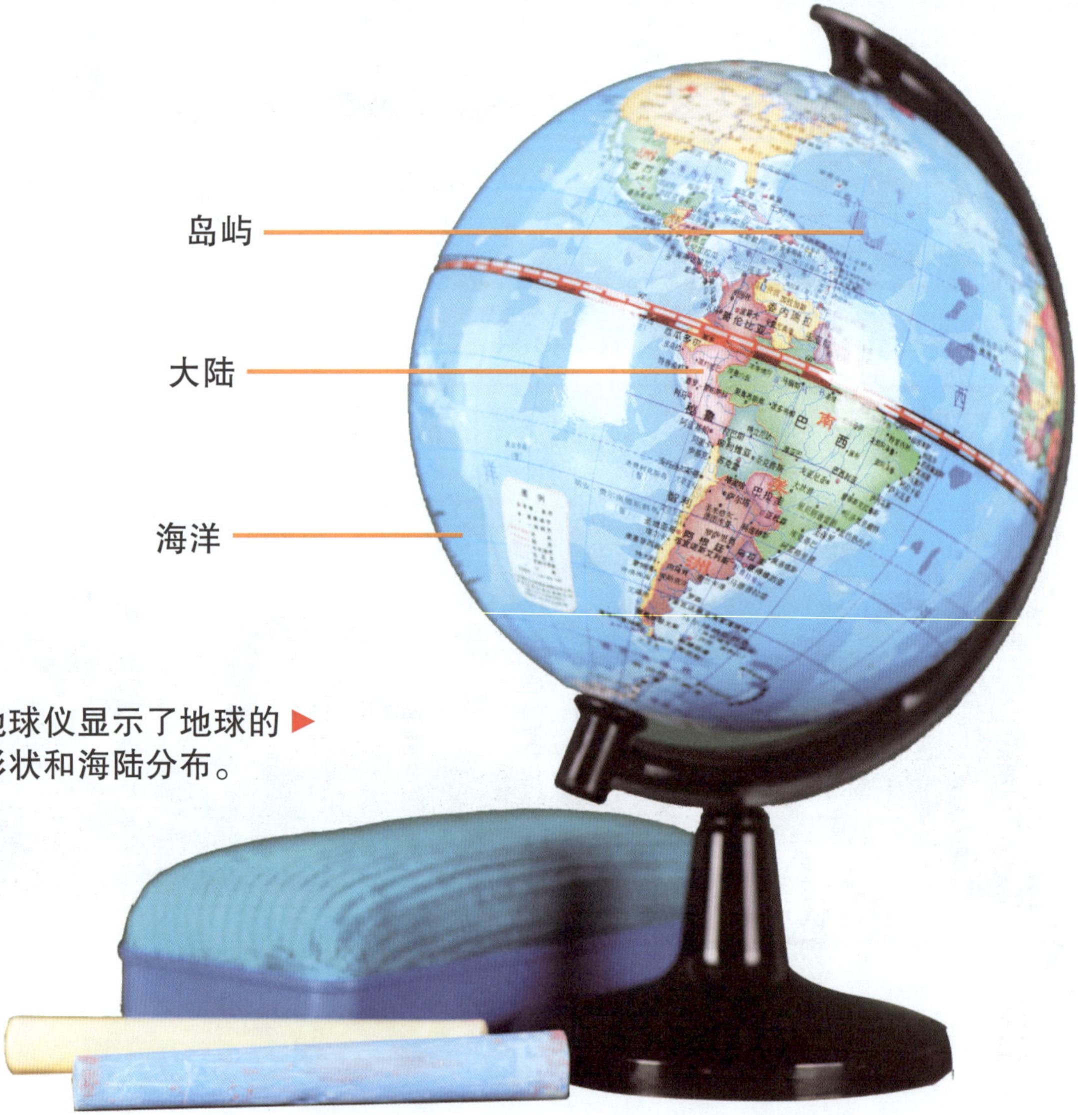


地球仪显示了地球的形状和海陆分布。

大多数地图都是平面图。本页的地图显示的是北美大陆。

有些地图能显示地势的高低。仔细观察本页地图上的颜色，棕色表示高耸的山脉， 绿色表示较为平坦的陆地。

## 通过读地图，我们可以了解地球表面的哪些信息？

北美洲

**读地图**

北美洲的山脉主要分布在哪里?

# 地球的内部有什么？

地表以下的地球内部是什么样的？地球内部由三个基本圈层组成。我们脚下的这个圈层叫作**地壳（crust）**，它是三个圈层中最外面的一层。地壳非常坚硬，但是也最薄。

地壳以下温度很高的一层称为**地幔（mantle）**。地球最中心的部分称为**地核（core）**。地核的一部分是液体，一部分是固体。地核是地球内部温度最高的地方。

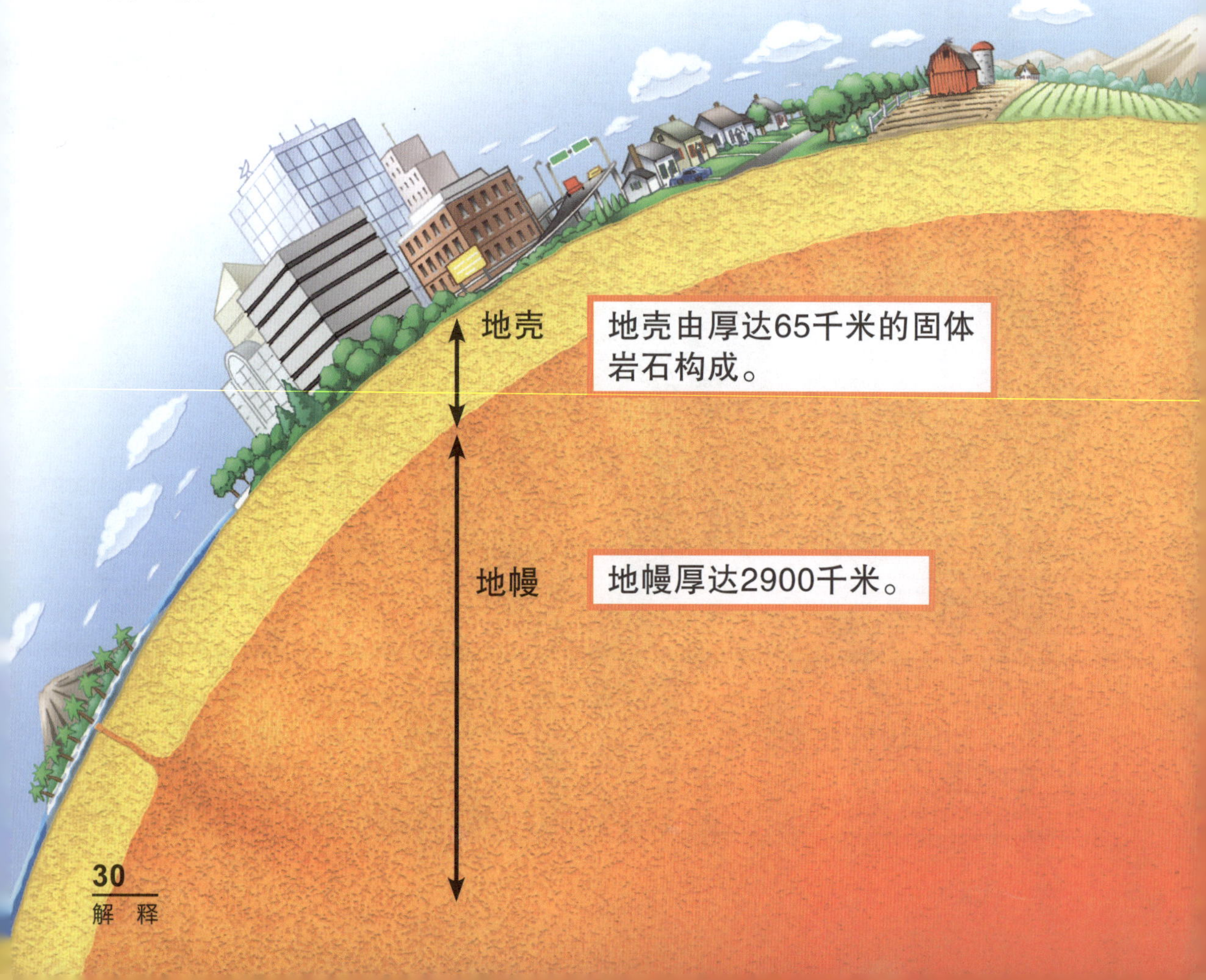

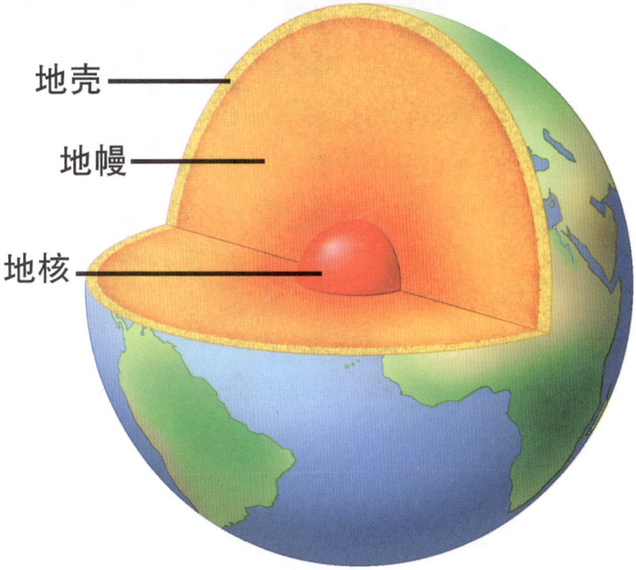


## 迷你实验

制作一个地球内部圈层的模型。用不同颜色的彩泥表示地核、地幔和地壳。

## 地壳与地核有什么区别?

### 想一想，说一说，写一写

1. 对比和比对　大陆和岛屿有什么区别?
2. 山脉和丘陵有什么区别?
3. **基本问题**　地球由哪些部分组成?

### 社会链接

绘制一张你所在教室的地图。用不同的符号表示房间里不同的物体。

# 第2课

# 地球上的水

## 看一看，想一想

图中的小孩是如何利用水的?

## 探究活动

# 人们怎样利用水?

### 活动步骤

1. **观察**　一天中，你在哪些时候用到了水？列一张清单，把这些水的用途记录下来。
2. **交流**　将你的清单和同学们的进行讨论，然后将你们讨论出的水的其他用途添加到清单上。
3. **分类**　按水的不同用途进行分类。你是怎么进行分类的?

### 进一步探究

4. **调查**　你在一天内用了多少次水？在下表中计数，再将这些数据整理成柱状图。

| 人们怎样利用水 | |
| --- | --- |
| 饮用<br>洗盘子<br>游泳 | |

▶ 基本问题

生物怎样利用地球上的水？

▶ 词汇

淡水

海洋

# 为什么说地球上的水很重要？

想象一下，如果没有水，我们的生活会变成什么样子？你没有水喝，也没有水洗手，吃完饭的碗筷也没法洗。我们的生活中，每天都离不开水。

如果没有水，地球上的生物将无法生存。植物的生长需要水，制造养分也需要水。人类和其他动物的生存也离不开水。

花靠雨水获得水分。▶

▼ 这些狮子正在喝河里的淡水。

**淡水（fresh water）**是几乎不含盐分的水。地球上的淡水主要分布在湖泊、池塘、河流和溪流中。

冰雪融化成水，从山上流下来，汇入溪流或河流。这些水经过净化后，就可以供人们使用。

这座水库能为一座城市（或城镇）提供淡水。这里的水经水厂净化后通过管道输送到千家万户。▶

## ✔ 地球上哪些地方存在淡水？

# 地球上的水主要分布在哪里？

你见过海洋吗？**海洋（ocean）**是一个宽广辽阔，又深不可测的咸水水体。海洋看起来好像无边无际。

海洋覆盖了地球表面约四分之三的面积。如果把地球分成四等份，海洋就占据了其中的三份。

## 迷你实验

在一张世界地图上画方格线。比较一下水占多少方格，陆地占多少方格。

从太空中鸟瞰地球

**读图**

地球上蓝色部分是什么？

**真相** 我们不可以直接饮用海水。

人类利用海洋已经有数千年的历史了。在大海上航行的船只可以将旅客和货物运到世界各地。

海洋中还生活着许多生物。它们靠海水来维持生命。

▲ 在大海上航行的船只。

## 为什么人们不能直接饮用海水？

▼ 大部分海豚都生活在海水中。

### 想一想，说一说，写一写

1. 总结　海洋占地球表面多少面积？
2. 你可以在哪些地方找到淡水？
3. **基本问题**　生物怎样利用地球上的水？

### 艺术链接

做一幅剪贴画，说明水为什么非常重要。

# 水

在你居住的地区，哪里能找到水体？从书或报纸中了解更多有关你所在地区的水的信息。

## 写作

写一份关于你所在地区的湖泊、溪流或者池塘的报告，告诉大家那里生活着哪些动物。说一说你可以为保护这些动物和水资源做哪些事情。将这片水源的分布图画出来，并在班上分享你的报告。

**提示**

报告可以提供与某个主题相关的许多具体信息。

# 有多少水？

雨后，池塘和湖泊的水面上涨，水深增加。

## 实践

昨天，这个池塘深45厘米。昨晚下了一场雨之后，池塘比之前深了15厘米。现在，这个池塘有多深？

**提示**

思考一下你想求的是什么。你是否需要进行加法或者减法运算？

## 第3课

# 地球上的变化

### 看一看，想一想

哗！海浪日复一日地拍打着海岸的礁石。你认为水是如何改变岩石的?

# 探究活动

## 你能用什么方法改变岩石?

### 活动步骤

1. **观察** 用放大镜观察3～4块小碎石。把你看到的样子画下来。
2. **预测** 把这几块岩石放在装满水的塑料罐里，拧紧盖子，用力摇晃塑料罐，你会看到什么现象?
3. 再把这几块岩石放进一个只装了一半水的塑料罐里，拧紧盖子，用力摇晃塑料罐2分钟。拿出石头，再次观察你所看到的现象。
4. **得出结论** 这几块岩石发生变化了吗? 为什么?

### 进一步探究

5. **实验** 你还能用哪些方法来改变岩石?

**材 料**

小块岩石

塑料罐

放大镜

步骤 3

读一读，学一学

▶ 基本问题
地表是怎样变化的？

▶ 词汇
地震
火山
洪水
滑坡

# 缓慢的地表变化

地表每天都在发生变化，有些变化你不太看得到。许多变化需要几千年才会有明显的现象出现。

随着时间的推移，水会改变陆地。快速流动的水可以侵蚀岩石。

大风卷起沙子和土壤，陆地或岩石的表面会因此发生改变。

◀ 流水在岩石中切割出了河道。

随着时间的推移，风塑造了这些沙丘。

**真相** 不是所有的沙子都在沙滩上。

冰也能塑造地表形态。多年的冰雪冻融作用能把大块的岩石分解成小块。

## 迷你实验

将一个塑料瓶装满水后拧紧。把这个瓶子放在冰箱冷冻室里一夜后，预测它会发生什么变化。

## 风和水如何改变岩石?

### 冰能改变地表形态

1 天气寒冷的时候，水结成冰，体积增大。冰会把岩石撑出裂缝。

2 天气暖和的时候，冰融化成水，水从岩缝中流出，裂缝渐渐变大。

3 有大裂缝的岩石会破裂。图中的这块岩石经过反复多年的冻融作用，破裂成了碎石。

### 读 图

冰如何改变岩石?

# 剧烈的地表变化

地表的有些变化发生得很快。当地壳运动的时候，地表会发生剧烈的变化。

◀ 地震(earthquake)是地壳突然发生的震动。地震会造成破坏，并改变地表的形态。

▶ 火山(volcano)爆发时，喷出一种非常炙热、黏稠的熔岩。这些熔岩冷却后就变成坚硬的岩石。

水也会引起地表的剧烈变化。下暴雨的时候，大量雨水无法及时渗入地下而汇集在地面，就会发生**洪水（flood）**。洪水会冲毁动植物的家园。

▲**滑坡（landslide）**是指大量岩石和土壤突然从山坡滑下。雨水或融雪都可能导致山体滑坡。

## ✔ 火山是如何快速地改变地表的？

## 想一想，说一说，写一写

1. 预测　洪水过后，地球表面会发生怎样的变化？
2. 水如何缓慢地改变地表？
3. **基本问题**　地表是怎样变化的？

### 艺术链接

你周围的地表是如何发生变化的？将你看到的一种地表变化用画图的形式展示出来。

# 洪水

在世界上的某些地方，每年的特定季节都会发生洪水。生活在这些地区的人们渐渐地学会了利用洪水。

▲人们把房屋的底层架空，这样可以保护自己不受洪水的侵袭。

## 雨季

在越南，潮湿的雨季从每年的5月份开始，一直持续到11月份。洪水冲毁了农民种植水稻的平原。水稻的生长离不开大量的水。

稻田

## 旱季

在越南，旱季从每年的11月份开始。这个时候，湄公河河水干涸，海水倒灌，流入河中。

水稻不能在海水中生长。有些农民筑起堤坝，防止海水倒灌。有些农民则把他们的稻田变成虾田。

▲ 湄公河是世界上最长的河流之一。它起源于中国的西藏，在越南入海。

虾田

### 说一说

**预测** 到5月份的时候，农民会把他们的虾田改成什么？为什么？

AMERICAN MUSEUM of NATURAL HISTORY

# 阅读回顾

## 地球上的变化

地球上的陆地可能是平坦的，也可能是崎岖的。陆地有高也有低。在你生活的地方，陆地是什么样的？

海水填满了地球上的海洋。淡水遍布河流、溪流、湖泊和池塘。水还会以雨或雪的形式落下。今天，你是如何利用地球上的水的？

风沙和流水可以改变地表的形态。水的冻融作用会导致岩石破碎。地表就是这样缓慢地发生变化的。

地震、洪水和山体滑坡会对地表造成破坏。短时的强降水也会造成河水暴涨，形成洪涝。地表就是这样快速地发生变化的。

# 第1章　复习和测试

## 词　汇

DOK 1

选择方框中的词汇填空，每个词汇限用一次。

1. 地球表面会因为________、________或________而迅速地改变。
2. 大而深的咸水水体称为________。
3. 地球表面的不同形态称为________。

| | |
|---|---|
| 地核 | 滑坡 |
| 地壳 | 地幔 |
| 地震 | 海洋 |
| 地形 | 火山 |

据图，回答4～6题。

4. 这是地球的________。
5. 这是地球的________。
6. 这是地球的________。

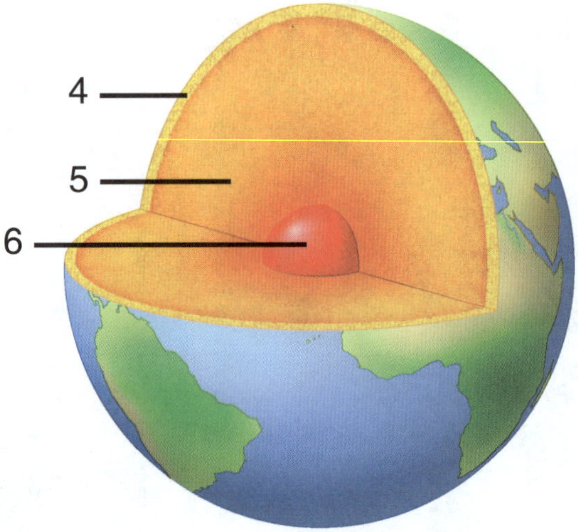

## 科学技能和科学概念

DOK 2

回答下列问题。

7. 观察　这个模型表示哪种地形？

8. 对比和比对　丘陵和山脉有什么不同之处？又有什么相同之处？

9. 描述不同的陆地形态。

大概念

10. 我们可以怎样描述地球上的陆地和水？

表现性评价

DOK 2

## 做一本小册子

做一本关于岩石如何变化的小册子。

- 想出岩石发生变化的4种方式。
- 在4张纸上写下这句话：

__________可以改变岩石。

- 在每一张纸上画一幅画，并说明是什么导致岩石发生变化。
- 把这几张纸粘贴在一起，做成一本小册子。

## 测 试

1 观察下图，回答问题。

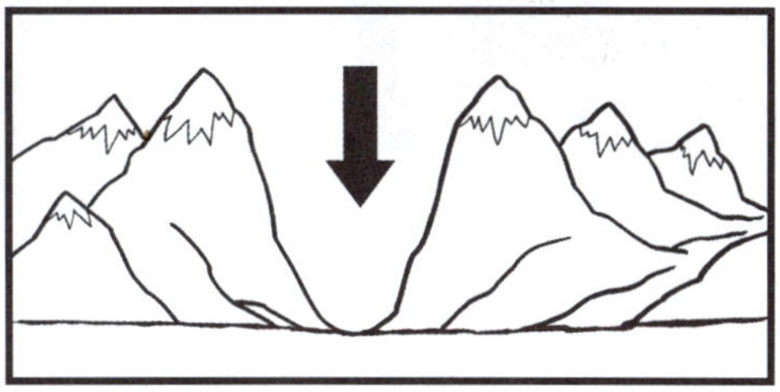

箭头指向______。

DOK 1

A 平原

B 丘陵

C 山谷

D 大陆

2 鹿喝淡水。下列哪一种水它不能喝？

DOK 2

A 河里的水。

B 海洋里的水。

C 池塘里的水。

D 溪流里的水。

3 为什么当岩缝中的水冻成冰的时候，岩石会破裂？

DOK 2

A 冰比水冷。

B 冰比水轻。

C 冰比水强。

D 冰的体积比水大。

# 第2章

# 地球上的资源

## 大概念 地球上有哪些资源?

**基本问题**

第1课
**怎样利用岩石和矿物?**

第2课
**土壤是怎么形成的?**

第3课
**怎样保护地球上的资源?**

## 核心词汇

**自然资源**　人们在生产、生活中使用的，来自地球的物质。

**岩石**　组成地壳的主要物质，在多种地质作用下形成的一种混合物。

**矿物**　岩石的主要成分。

**土壤**　由岩石碎屑和动植物残体等组成的混合物。

# 第1课

# 岩石和矿物

美国加利福尼亚州的死亡谷国家公园

## 看一看，想一想

科学家为什么要研究这些岩石？岩石有哪些用途？

## 探究活动

# 怎样对岩石进行分类？

**材　料**

岩石

放大镜

## 活动步骤

1. **观察**　用放大镜观察岩石。将你所看到的内容描述出来。这些岩石有什么相同之处？又有什么不同之处？

2. **分类**　将岩石进行分类。在表格中将你的分类情况记录下来，并统计出每类各有多少块岩石。

3. **交流**　将你的表格与同伴进行交流，并说出你是如何分类的。

步骤 2

## 进一步探究

4. **得出结论**　你还能用什么方法对岩石进行分类呢？

读一读，学一学

**基本问题**
怎样利用岩石和矿物？

**词汇**
自然资源
岩石
矿物

# 什么是岩石？

**自然资源（natural resource）**指的是人们在生产、生活中使用的，来自地球的物质。我们每天都在利用自然资源。空气、水、植物、动物和岩石都属于自然资源。

**岩石（rock）**是地球上的一种非生物体。大多数岩石非常坚硬。岩石有不同的形状和大小，还有不同的触感和颜色。

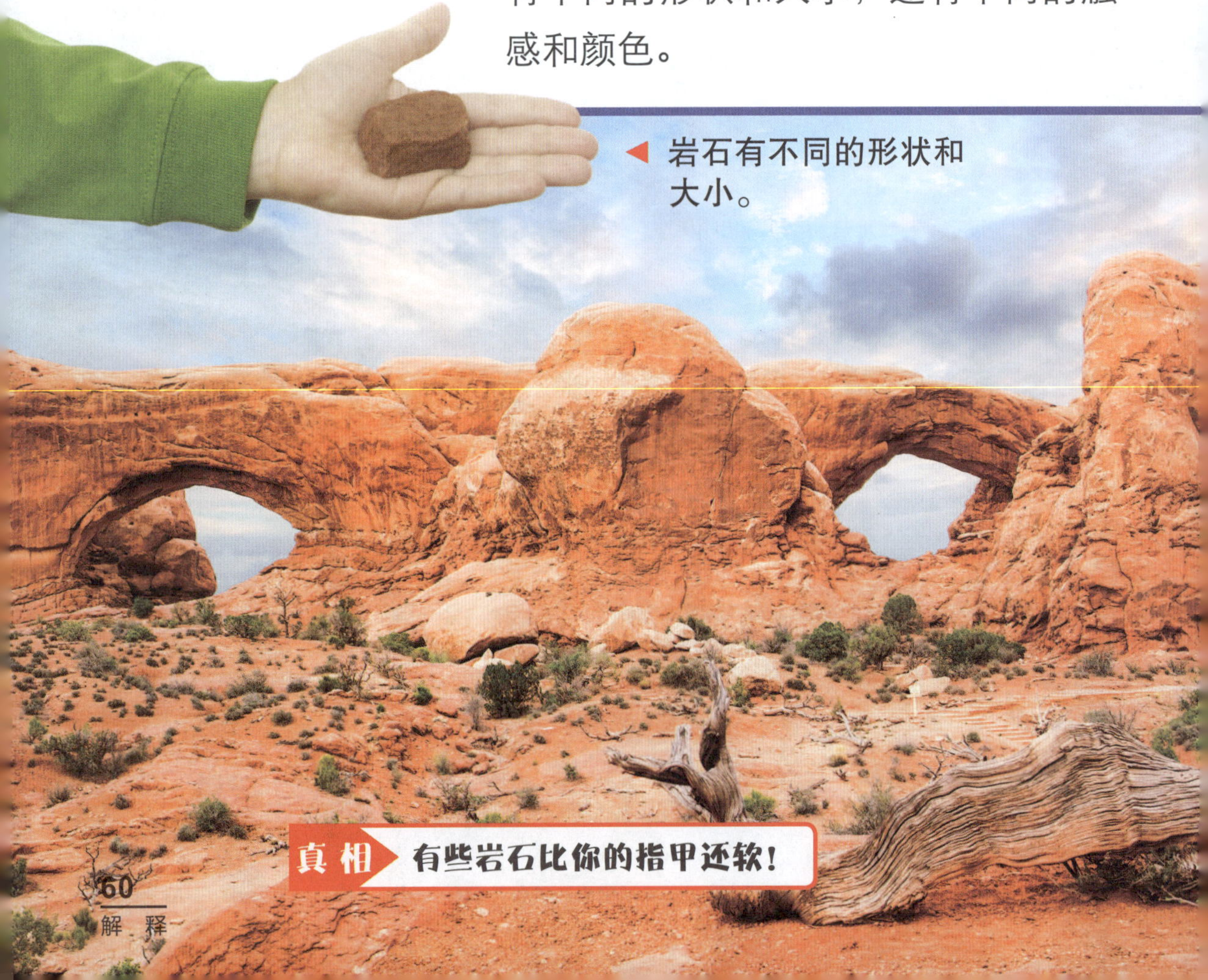

◀ 岩石有不同的形状和大小。

真相 有些岩石比你的指甲还软！

岩石遍布地球的各个角落。在城市的街道路面下，在草地的土壤中，以及海底都能见到岩石的身影！

我们何时把岩石当作资源加以利用？人类利用岩石做工具已有几千年的历史了。许多岩石可以被雕刻、切割或研磨。

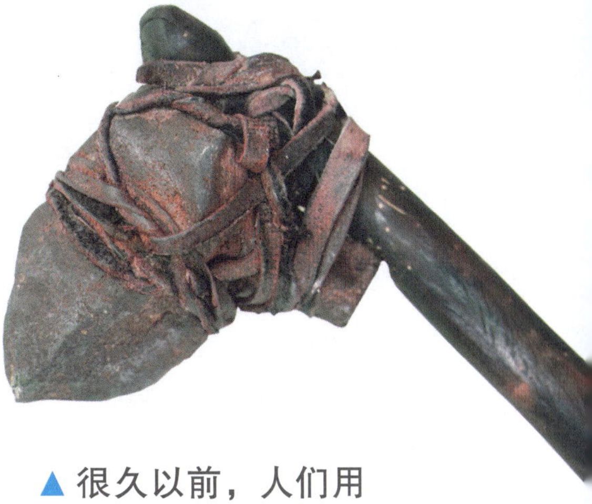

▲ 很久以前，人们用岩石做成石斧。

▲ 埃及的这座雕像叫作狮身人面像，是几千年前的古埃及人用许多巨大的石灰岩雕刻而成的。

## ✔ 人们如何利用岩石？

# 什么是矿物？

你有没有仔细观察过一块岩石？有些岩石中有一些闪闪发光的颗粒。岩石中这些有光泽的颗粒就是某些**矿物（mineral）**。岩石可以由一种或多种矿物构成。下面这张表列举了一些人们利用矿物的方式。

▲这块岩石叫花岗岩。它由云母、石英和长石等矿物组成。

## 矿物的用途

| | |
|---|---|
|  石墨 |  |
|  磁石 |   |
|  萤石 |  |
|  绿松石 |  |



### 读　表

哪一种矿物是用来做铅笔的？

岩石和矿物在地下经历了数百万年的时间才形成。人们通过开矿挖掘，来开采地下的矿物。

## 迷你实验

用放大镜**观察**矿物。列出每一种矿物的独特之处。

✔ **岩石和矿物有什么不同？**

▲锤子可以用来敲碎岩石。

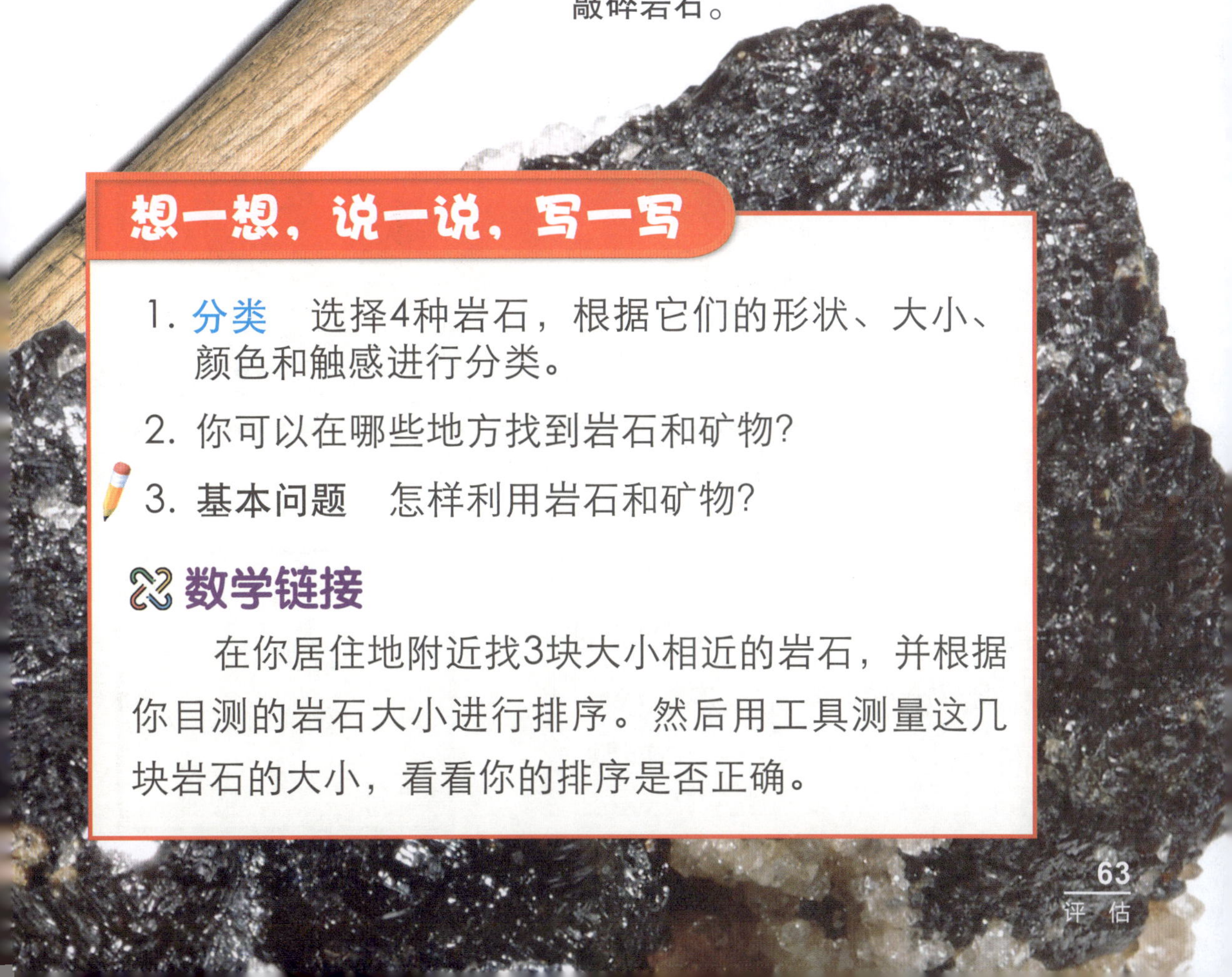

## 想一想，说一说，写一写

1. **分类**　选择4种岩石，根据它们的形状、大小、颜色和触感进行分类。
2. 你可以在哪些地方找到岩石和矿物？
3. **基本问题**　怎样利用岩石和矿物？

### 数学链接

在你居住地附近找3块大小相近的岩石，并根据你目测的岩石大小进行排序。然后用工具测量这几块岩石的大小，看看你的排序是否正确。

# 岩石漫谈

我们的周围到处都有岩石。不管是在海滩还是高山，花园还是操场，我们都能看到它们的身影。请你出去走走，看看身边的岩石，再把你观察到的岩石记录下来。

## 写作

给你的朋友写一封信，记录你散步时的见闻。在信中详细描述你所看到的岩石，并解释一下它们为什么会变成这样的形状。

**提示**

为了与别人分享消息或想法，你可以给对方写信。

# 科学中的数学问题

## 岩石的排列模式

你可以把岩石排成特定的模式。看看下面的岩石排列模式，你觉得接下来应该放一块什么样的岩石？为什么？

### 设计一种模式

用岩石或画一些岩石来设计一种新模式，并与你的同伴进行分享。请你的同伴说一说，在你排列的岩石序列后应该排一块怎样的岩石。

**提示**

找出排列模式中的一个重复出现的组合，你就找到了这种排列模式的变化规律。

# 第2课
# 土　壤

## 看一看，想一想

这种土壤中含有许多细小的碎石。我们还能在土壤中找到什么？

# 探究活动

## 泥土中有哪些物质?

### 活动步骤

1. 在筛子中放入一些土壤。然后轻轻地将泥土筛在盘子上。
2. **观察** 用放大镜观察盘子里的土壤。把你看到的内容画出来。
3. 把留在筛子中的土壤倒入另一个盘子里。再次观察这些土壤，把你看到的内容画出来。

### 材料

土壤

2个盘子

筛子

放大镜

### 进一步探究

4. **交流** 换一种新的土壤重复上述步骤。写出这两种土壤的相似之处和不同之处。

读一读，学一学

▶ 基本问题
土壤是怎么形成的?

▶ 词汇
土壤
分解

# 什么是土壤?

土壤(soil)是由细小的岩石碎屑和动植物残体等组成的混合物。动植物的残体会慢慢分解(decompose)，变成土壤的一部分，为植物生长提供营养。

土壤有不同的颜色和质地，还可能含有大小不一的各种岩石。

## 土壤类型

黏土
壤土

有些土壤颜色较深，含水量较多；有些土壤砂砾含量多，非常粗糙。有些地方的土壤明显沙质化，有些地方的土壤则含有较多的黏土。还有些土壤中含有大量非常细小的岩石碎屑，这种碎屑称为粉砂。粉砂和黏土的颗粒都非常细小，它们从你的指间滑过时，你会感觉很顺滑。

## 土壤由什么组成？

**读 图**

描述下面的每一种土壤。

# 土壤是怎么形成的？

土壤的形成需要经历很长的时间。随着时间的推移，岩石和矿物被风化成细小的碎屑，动植物的遗体和残骸也逐渐腐烂，或者分解，最后成为土壤的一部分。

微生物能够分解动植物的残体。原先生物体内的营养物质也逐渐成为土壤的一部分。正是因为有这些营养物质，才能形成肥沃的土壤。

土壤中混杂的动植物残体会被分解。堆肥就是土壤和腐烂的动植物残体组成的混合物。

## 迷你实验

做一个堆肥堆。每周搅拌一次，并观察它的变化。

## 哪一层土壤最适合植物生长?

这根腐烂的原木会被分解，最终变成土壤的一部分。

## 想一想，说一说，写一写

1. 排序　死去的植物变成土壤的过程是怎么样的?
2. 不同种类的土壤有哪些差异?
3. **基本问题**　土壤是怎么形成的?

### 健康链接

列举一些学校周围土壤中生长的植物，并从中勾选出我们可以用来做食物的植物。

## 第3课

# 利用自然资源

### 看一看，想一想

在这张图片中，你看到了哪些自然资源？为什么人类要保护它们？

## 探究活动

# 日常生活中如何利用自然资源?

### 活动步骤

1. 列一张关于你是如何利用水、空气、植物、动物和岩石的图表。
2. **交流** 在图表中记录下你所有的想法。
3. 与同伴合作。想一想，还有哪些你用的物品来自自然资源，将你的想法记录下来。
4. **得出结论** 为什么说这些来自地球的自然资源对我们来说很重要?

步骤 3

### 进一步探究

5. **推理** 如果地球上没有水和岩石，那么世界将会变成什么样？你的生活会发生什么变化？将你的想法记录下来。

读一读，学一学

▶ 基本问题

怎样保护地球上的资源？

▶ 词汇

污染物

节约

重复使用

循环利用

# 怎样利用自然资源？

空气、风、水、岩石和土壤都是我们日常生活中必不可少的自然资源。自然资源为我们提供了生产、生活所需的许多东西。有一些自然资源，比如水、风，它们的再生速度很快。

▲ 树木可以用来建造房屋和制作家具。

▲ 流动的水可以发电，为家庭照明和取暖提供电力。

风可以用来发电，为家庭照明和取暖提供电力。▶

有些自然资源的再生速度则很慢，比如，矿物的形成需要数百万年的时间。我们每天的生活都离不开矿物，一旦这些资源耗尽，我们很难快速找到它们的替代品。

## 哪些资源可以快速再生？

▲ 动物的皮革可以用来做衣服和其他物品。

▲ 土壤可以用来种植庄稼，但地球上的土壤发育需要经历漫长的时间。

▲ 从地下开采出来的石油，可以作为燃料。

煤是一种从地下开采出来的矿物，它可以用来给房屋供暖。▼

# 为什么要爱护地球上的资源？

我们的日常生活离不开地球上的土壤、空气和水。当这些资源被浪费或污染时，我们就无法再利用它们了。

任何会使水、空气或土壤变脏的东西都叫**污染物（pollution）**。工厂和汽车会造成空气污染。海洋里若发生石油泄漏以及水中的垃圾都会危害海洋生物。

▲ 在扔饮料罐的提手环之前要先将它剪断，这样小动物就不会被困在里面。

## 污　染

**真相**　干净的饮用水源不能迅速再生，因为水体自净需要经过很长时间。

垃圾是人们在生产、生活中产生的废弃物。人们可以通过及时清理垃圾，来减少土壤污染和水污染。在野餐或者户外活动之后，我们都要做好垃圾清理工作，这对保护环境非常重要。

▲ 人们正在清理垃圾。

## ✔ 为什么保持自然资源的清洁很重要？

**读　图**

污染可能会对海里的生物造成什么危害？

# 怎样才能节约自然资源？

我们可以将一些旧物品留下来，清理或改造后重复利用，这有助于节约自然资源。下面的三种途径能帮助你记牢节约资源的方法，它们的英文名字都是R开头。这三种途径分别是**节约（reduce）**、**重复使用（reuse）**和**循环利用（recycle）**。

◀ 节约就是减少某些物品的使用量，比如刷牙时把水龙头关上。



▲ 重复使用就是再次使用某些物品，比如用废弃的鸡蛋盒来装颜料。

循环利用就是利用旧物品来制作新物品，比如纸张、玻璃、塑料盒和金属等都可以循环利用。▶

怎样才能减少对空气和土壤的污染呢？平时出行，我们可以多骑自行车，选择公共交通工具；不乱丢垃圾，把垃圾分类处理；等等。

## 为什么节约、重复使用和循环利用很重要？

### 迷你实验

在教室里放一些箱子，用来存放可供重复使用和循环利用的物品。预测用这种方式一周内可以节省多少物品。

## 想一想，说一说，写一写

1. 总结 哪些因素会危害地球上的自然资源？
2. 地球上有哪些自然资源？
3. **基本问题** 怎样保护地球上的资源？

### 艺术链接

选择任意一种自然资源制作一张海报，并说明我们为什么要爱护这种资源。

真实世界

## 科学阅读

# 世界各地的毛料

毛料从哪来？在世界各地，人们大多从绵羊或山羊身上获取羊毛，还有些人从其他动物身上获取毛料。美国自然历史博物馆的科学家收集了来自世界各地人们的来信。他们想要了解其他国家的人是如何收集毛料的。

▲ 秘鲁是南美洲的一个国家。

亲爱的博物馆的老师们：

你们好！我叫胡安娜，住在秘鲁的安第斯山脉地区。这里的气候非常寒冷，我和家人需要穿毛衣来御寒。我们的毛衣材质很特殊，因为它们不是用绵羊毛做成的，而是用羊驼毛制成的。

羊驼看起来像小骆驼，它们有长长的脖子和长长的腿。因为生活在寒冷的山区，它们浑身长满了厚厚的皮毛。我们当地人会从羊驼身上来获取毛料，做成毛衣。

我的羊驼毛毛衣让我在寒冷的冬天里也感觉暖暖的！

再见！

胡安娜

▲ 工人们把羊驼毛纺成毛线。

**说一说**

问题和对策　没有绵羊的地区，人们可能从哪里获取毛料？

AMERICAN MUSEUM OF NATURAL HISTORY

## 阅读回顾

# 地球赋予我们的资源

土壤是一种珍贵的资源。植物和动物死亡后，它们的残体会分解成土壤的一部分。新的植物又会从土壤中生长出来。生活中，我们用植物来生产食品、衣服和建筑材料。

岩石随处可见，高山上、脚底下的土壤里，到处都有岩石的身影。岩石由矿物组成，土壤中的矿物有助于植物生长。

大自然给予我们许多资源。风、水、岩石、植物和动物只是其中的一部分。我们可以通过适度消费来保护自然资源。

不要乱扔垃圾！如果你找不到重复使用物品的办法，还可以尝试循环利用。记住这三条：节约，重复使用，循环利用！如果我们坚持这样做，就能让世界变得更美好。

# 第2章 复习和测试

## 词 汇

DOK 1

**选择方框中的词汇填空，每个词汇限用一次。**

1. 植物、水、岩石和矿物是地球上的__________。
2. 植物和动物死亡后，它们的残体会被__________。
3. 你可以通过以下途径保护自然资源：__________，或将要丢进垃圾桶的物品进行__________和__________。
4. 地球上__________和__________的形成需要经历漫长的时间。
5. 你可以通过把垃圾放进垃圾桶的办法来减少对环境有害的__________。

| |
|---|
| 分解 |
| 自然资源 |
| 污染物 |
| 循环利用 |
| 节约 |
| 重复使用 |
| 岩石 |
| 土壤 |

## 科学技能和科学概念

DOK 2

**回答下列问题。**

6. 比较　这些岩石有什么相同之处和不同之处？

7. 对比和比对　这些土壤有什么相同之处和不同之处？

8. 问题和解决方案　列出两种或两种以上的自然资源。哪些行为会破坏资源？为什么要保护地球上的资源？

9. 日常生活中，你会用到哪些矿物？

大概念

10. 地球上有哪些资源？

# 尽情吃

回忆一下最近一次你在餐厅吃饭的情景。你都吃了哪些东西？如果让你开一家餐厅，它会是什么样子的？你会提供哪些服务？

- 为你的餐厅制订一份菜单。列出5种由植物做成的食物和3种由动物做成的食物。
- 描述一下餐厅的样子。餐厅里的桌子和椅子是由什么做成的？餐巾是用布做的，还是用纸做的？
- 你的餐厅里还需要用到其他哪些自然资源？

## 测 试

**1** 丽萨为收集的10块岩石绘制了一张统计图。下列哪句话能正确描述她收集的这些岩石？

DOK 2

A 7块岩石是光滑的。

B 8块岩石是粗糙的。

C 3块岩石是柔软的。

D 9块岩石是坚硬的。

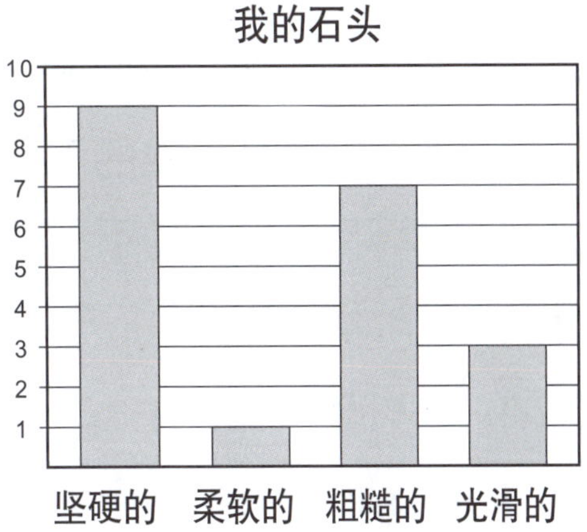


**2** 为什么图中的菌类能让土壤肥力变得更强？

DOK 2

A 它们能给土壤补充水分。

B 它们把心土变成表层土。

C 它们能分解植物的残体。

D 它们可供人们食用。

**3** 下列哪项不是节约自然资源的方法？

DOK 2

A 淋浴的时候动作迅速而不磨磨蹭蹭。

B 将一个旧罐头瓶改造为笔筒，而不是买一个新的塑料笔筒。

C 循环利用旧报纸和旧杂志。

D 把家里的暖气温度调高，好让家里更温暖。

## 宝石学家

你见过人们佩戴的五颜六色的戒指或耳环吗？这些不同颜色的石头大部分被称为宝石。宝石学家是研究宝石的科学家。

宝石是坚硬且稀有的矿物，以其晶莹美丽而闻名。蓝宝石、绿宝石和钻石都是宝石。

宝石学家的工作是鉴定宝石，发掘它们的价值。宝石学家会使用专门的工具来鉴别宝石，或者看看它们是否有裂痕。

宝石学家

### 更多相关职业

珠宝设计师

火山学家

## 《科学启蒙（第二版）》版权声明

# 科学启蒙（第二版）我们的地球 ②

McGraw-Hill Education
Science A Closer Look
Our Earth
978-0-02-136116-8


浙江省版权局著作权合同登记号：11-2018-537

图书在版编目（CIP）数据

科学启蒙 : 第二版. 我们的地球. ② / (美) 杰伊·哈克特等著 ; 张俊等译. -- 杭州 : 浙江教育出版社, 2019.11(2022.8重印)
ISBN 978-7-5536-9617-1

Ⅰ. ①科… Ⅱ. ①杰… ②张… Ⅲ. ①科学知识－少年读物②地球科学－少年读物 Ⅳ. ①Z228.1②P-49

中国版本图书馆CIP数据核字(2019)第240704号

**科学启蒙（第二版）**
KEXUE QIMENG (DI ER BAN)
**我们的地球 ②**
WOMEN DE DIQIU 2

出版发行 浙江教育出版社（杭州市天目山路40号 电话：0571-85170300-80928）
原 著 名 SCIENCE A CLOSER LOOK
OUR EARTH
本册翻译 张 俊 邓小耶 柯星如
图片来源 海洛创意
责任编辑 杨 艳
封面设计 韩 波
责任校对 余晓克
责任印务 沈久凌

图文制作 杭州兴邦电子印务有限公司
印 刷 杭州富春印务有限公司
开 本 787mm×960mm 1/16
印 张 6.5
字 数 145 000
版 次 2019年11月第1版
印 次 2022年8月第4次印刷
标准书号 ISBN 978-7-5536-9617-1
定 价 24.00元